BEI GRIN MACHT SICH IHR WISSEN BEZAHLT

- Wir veröffentlichen Ihre Hausarbeit, Bachelor- und Masterarbeit

- Ihr eigenes eBook und Buch - weltweit in allen wichtigen Shops

- Verdienen Sie an jedem Verkauf

Jetzt bei www.GRIN.com hochladen und kostenlos publizieren

Künstliche Intelligenz und moralische Urteilsfähigkeit. Welche Fähigkeiten müssen Maschinen erfüllen, um moralisch handeln zu können?

Magdalena Helm

Bibliografische Information der Deutschen Nationalbibliothek:

Die Deutsche Nationalbibliothek verzeichnet diese Publikation in der Deutschen Nationalbibliografie; detaillierte bibliografische Daten sind im Internet über http://dnb.d-nb.de abrufbar.

ISBN: 9783346561756
Dieses Buch ist auch als E-Book erhältlich.

© GRIN Publishing GmbH
Nymphenburger Straße 86
80636 München

Druck und Bindung: Books on Demand GmbH, Norderstedt Germany
Gedruckt auf säurefreiem Papier aus verantwortungsvollen Quellen

Das Buch bei GRIN: https://www.grin.com/document/1160940

Hausarbeit

Künstliche Intelligenz und moralische Urteilsfähigkeit – eine qualitativ strukturierte Inhaltsanalyse

Hochgeladen am: 01.05.2021

SRH FernHochschule – The Mobile University

Modul: Qualitative Datenanalyse (MQUADA)

Studiengang: Management (M.Sc.)

von

Magdalena Helm

Inhalt

Abkürzungsverzeichnis

AI	=	Artificial Intelligence
AM	=	Artificial Morality
AMA	=	Artificial Moral Agents
APuZ	=	Aus Politik und Zeitgeschichte
KI	=	Künstliche Intelligenz
RPA	=	Roboter-basierte Prozessautomatisierung

Abbildungsverzeichnis

Tabellenverzeichnis

Anlagen

1. Einleitung

1.1 Problemstellung

Künstliche Intelligenz gewinnt in der heutigen Zeit immer mehr an Bedeutung und findet bereits in vielen alltäglichen Situationen Anwendung. Sei es der Apple-Sprachassistent Siri, verschiedene Smart Home-Applikationen, personalisierte Werbeanzeigen auf Social Media-Plattformen oder Fahrassistenzsysteme wie beispielsweise Abstandsregler oder Schildererkennung. Hinter jedem dieser Anwendungsbeispiele steckt irgendeine Form von künstlicher Intelligenz. Durch das selbständige Adaptieren und Erlernen von Algorithmen sind diese Maschinen bereits teilweise in der Lage, bestimmte Aktionen eigenständig auszuführen (Machine Learning).[1] Das selbständige Treffen von Entscheidungen durch künstliche Intelligenz wirft bei Wissenschaftlern und Kritikern die Frage auf, ob Maschinen in bestimmten Anwendungsfällen auch moralische Entscheidungen treffen können. Moralische Entscheidungen, die von Menschen getroffen werden, sind abhängig von den Umständen der Situation und von der Urteilsfähigkeit des Individuums. Um zu ermitteln, ob Maschinen in verschiedenen Situationen moralisch handeln können und überhaupt sollen, ist es notwendig, die damit verbundenen Chancen und Risiken zu untersuchen.

1.2 Zielsetzung

Die dargestellte Problematik bildet die Grundlage für die in der vorliegenden Arbeit behandelten Fragestellung, ob Maschinen generell über eine moralische Urteilsfähigkeit verfügen und inwiefern diese sinnvoll genutzt werden kann. Eine Dokumentenanalyse des im Jahr 2018 in der Zeitschrift „Aus Politik und Zeitgeschichte" veröffentlichen Textbeitrags „Maschinenethik und „Artificial Morality": Können und sollen Maschinen moralisch handeln?" soll darüber Aufschluss geben. Die Durchführung einer strukturierten Inhaltsanalyse erfolgt anhand zuvor abgeleiteten Forschungs- und Teilforschungsfragen und eines Kategorienschemas, welches im weiteren Verlauf auf Basis der theoretischen Grundlagen und des Forschungsgegenstandes entwickelt wird. Die Zielsetzung besteht darin, mittels der strukturierten Analyse eine detaillierte Auswertung des zu untersuchenden Materials zu erhalten und anhand dieser Ergebnisse die Fragestellung beantworten zu können.

---

[1] Vgl. *Luber* (2016).

1.3 Aufbau der Arbeit

Die Arbeit beginnt in Kapitel 1 mit einer Einleitung, welche die Problemstellung definiert und die Zielsetzung festlegt. Im zweiten Kapitel folgt die Erläuterung der wichtigsten theoretischen Grundlagen. In diesem Zusammenhang wird der Begriff „Künstliche Intelligenz" genauer definiert. Weiterhin wird auch auf die Begrifflichkeiten „Artificial Morality" und „Moral" eingegangen. Noch im zweiten Kapitel wird das „Stufenmodell moralischer Entwicklung" von Lawrence Kohlberg erläutert, welches im weiteren Verlauf der Arbeit von Bedeutung sein wird. Die theoretischen Grundlagen sind ausschlaggebend für die Ableitung der Forschungs- und Teilforschungsfragen. Anschließend wird im nächsten Kapitel 3 die Methodik vorgestellt. Nachdem der allgemeine Ablauf einer qualitativen Inhaltsanalyse erläutert wurde, folgt die Beschreibung des zu untersuchenden Textbeitrags. Im Anschluss wird das Kategorienschema mit Haupt- und Subkategorien aufgezeigt. Das vierte Kapitel stellt die Ergebnisse der qualitativen Inhaltsanalyse dar, indem die einzelnen Kategorien betrachtet werden. Diese Ergebnisse werden im fünften Kapitel nochmal aufgegriffen und hinsichtlich der Forschungsfrage diskutiert und interpretiert. Außerdem erfolgt eine kritische Reflexion der Vorgehensweise unter Einhaltung der Gütekriterien einer qualitativen Analyse. Das Fazit und der Ausblick schließen die Arbeit in Kapitel 6 ab.

2. Theoretische Grundlagen

2.1 Künstliche Intelligenz (KI)

2.1.1 Historischer Kontext

Obwohl der Einsatz von Künstlicher Intelligenz erst in den letzten Jahren immer mehr an Präsenz gewonnen hat, liegt der Ursprung bereits im Jahr 1950, in dem der Mathematiker Alan Turing den nach ihm benannten Turing-Test entwarf. Dieser besagte, dass eine Maschine dann im Besitz von künstlicher Intelligenz ist, wenn die Testperson nicht mehr unterscheiden kann, ob sie mit einem Menschen oder einer Maschine kommuniziert, ohne den Gegenüber zu sehen.[2] Das „Summer Research Project on Artificial Intelligence" aus dem Jahr 1956, welches am Darthmouth College (Hanover, New Hampshire) durchgeführt wurde, gilt jedoch als Geburtsstunde der künstlichen Intelligenz.[3] John McCarthy definierte damals den heute noch gültigen Begriff „Artificial Intelligence", welcher sich trotz bestehender Unstimmigkeiten durchgesetzt hat.[4] Aufgrund der fehlenden

---

[2] Vgl. *Mainzer* (2019). S. 10
[3] Vgl. *Buxmann* (2019). S. 3
[4] Vgl. *Manhart* (2021).

Rechenkapazität der damaligen Computer verzögerte sich die Weiterentwicklung künstlicher Intelligenz und der erwartete große Durchbruch blieb aus. In den 1970er-Jahren begannen intensivere Forschungen und Experimente, bei denen menschliche Wissensbasen in eine für Computer verständliche Logik umgewandelt wurden. Den hohen Aufwänden standen jedoch kaum Erfolge gegenüber, weshalb viele Forschungsgelder reduziert und Expertensysteme abgeschafft wurden.[5] In der heutigen Zeit gewinnt das Thema „Künstliche Intelligenz" wieder mehr an Bedeutung und Unternehmen bis hin zu Großkonzernen sind bereit, immense Summen in die Entwicklung künstlicher Intelligenz zu investieren. Deutlich bessere KI-Verfahren und leistungsfähigere Hard- und Software ermöglichen diese Wende und investierende Unternehmen erhoffen sich durch den Einsatz von KI-Anwendungen Wettbewerbsvorteile sowie die schnelle (und logische) Verarbeitung riesiger, zum Teil ungeordneter Datenmengen.[6] Heutzutage lässt sich KI als ein interdisziplinäres Teilgebiet der Informatik einordnen, welches in vielen verschiedenen Feldern Anwendung findet.

2.1.2 Definition von Künstlicher Intelligenz

Der Versuch einer allgemein gültigen Definition von Künstlicher Intelligenz scheitert zum einen an der Vielfältigkeit des Einsatzgebietes und zum anderen an der Schwierigkeit, allein den Begriff „Intelligenz" zu definieren.[7] Künstliche Intelligenz soll in der Lage sein, verschiedene Aspekte menschlicher Verhaltensweisen imitieren und dadurch „menschlich" handeln zu können, ohne tatsächlich menschlich zu sein.[8] Wittpahl beschreibt KI als „[...] de[n] Versuch, ein System zu entwickeln, das eigenständig komplexe Probleme bearbeiten kann."[9] Als Teilbereich der Informatik versucht KI menschliche Verhaltensweisen insbesondere bei der Problemlösung nachzubauen, um dadurch neue und effizientere Lösungsmöglichkeiten zu entwickeln.[10] Als eine der gängigsten Definitionen, welche auch in Zukunft stets aktuell sein wird, gilt die von Elaine Rich: „Artificial Intelligence (AI) is the study of how to make computers do things which, at the moment, people do better."[11] Es herrscht also Einigkeit darüber, dass KI-Systeme menschliches Handeln und Denken simulieren, um das Lösen von Problemen nachahmen zu können und dadurch leistungsfähiger zu werden. Ebenso sind sich die Wissenschaftler darüber einig, dass zwischen starker und schwacher KI unterschieden werden kann.

---

[5] Vgl. *Wittpahl* (2019). S. 24
[6] Vgl. *Manhart* (2021).
[7] Vgl. *Buxmann* (2019). S. 6
[8] Vgl. *Gentsch* (2019). S. 18
[9] *Wittpahl* (2019) S. 21
[10] Vgl. *Lämmel/Cleve* (2012) S. 13
[11] *Rich* et al. (2019). S. 3

Eine KI gilt dann als stark, wenn sie vergleichbar mit dem menschlichen Geiste funktioniert und entweder gleiche oder gar größere intellektuelle Fähigkeiten als eine reale Person aufweisen kann.[12] Bis heute wurde diese Form von künstlicher Intelligenz noch nicht realisiert und auch keine Forschungsprojekte im Zusammenhang mit starker künstlicher Intelligenz bekannt.[13]

Im Gegensatz zur starken KI kann die schwache KI schon heute konkrete Anwendungsprobleme lösen.[14] Durch die eindeutige Definition von Problemstellungen werden gezielte Algorithmen entwickelt, die zur Lösung des Problems beitragen.[15] Dafür muss die KI in der Lage sein, ihre vorhandenen Fähigkeiten zu kombinieren und Probleme effizient lösen können. Außerdem muss sie über die Fähigkeit des Lernens verfügen, indem sie von der Umwelt und anderen intelligenten Systemen lernt, aber auch aus ihrer eigenen „Erfahrung". Somit sollen sich Fähigkeiten verbessern, je öfter und länger sie durchgeführt werden.[16]

2.1.3 Artificial Morality (AM)

Durch KI soll die Leistungsfähigkeit von Menschen auf die Maschine übertragen werden. Dies hat zur Folge, dass sich ethische Fragestellungen und Anforderungen ergeben. KI ist heutzutage allgegenwärtig, beispielsweise im Alltag durch intelligente Sensoren, die autonomes Fahren ermöglichen. Dadurch entstehen nicht nur Chancen, sondern auch Risiken. Aktuell sind ethische Anforderungen rein an den Menschen gerichtet, sie werden lediglich an die Maschinen „weitergegeben". Einfacher wäre es, wenn sich die Ethik direkt an die Maschinen richten würde und somit geeignete Formulierungen für „starke" KI gebildet würden. Dies hätte eine Maschinenethik zufolge, auch „Artificial Morality (AM)" genannt.[17] Eine AM würde es Maschinen ermöglichen, moralisch zu handeln und auf moralischer Basis Entscheidungen zu treffen. Die Entwicklung moralischer „Agenten" (auch: Artificial moral agents oder AMA) gewinnt immer mehr an Bedeutung, weil auch Maschinen immer autonomer handeln sollen. Diese moralischen Agenten bilden keinen Ersatz für moralische Verantwortung des Anwenders, sie erleichtern lediglich die ethi-

---

[12] Vgl. *Karliczek* (2020) S.8
[13] Vgl. *Buxmann* (2019) S. 6
[14] Vgl. *Karliczek* (2020) S. 8
[15] Vgl. *Buxmann* (2019) S. 7
[16] Vgl. *Goertzel/Pennachin* (2007) S. 7
[17] Vgl. *Wittpahl* (2019) S. 242 - 244

sche Nutzung der Maschine, sofern eine Sensibilität für ethische Verhaltensweisen innerhalb der Software geschaffen ist.[18] Um autonome und intelligente Technologien vorteilhaft und in ihrer Gesamtheit nutzen zu können, ist die Entwicklung moralischer Verhaltensweisen und Fähigkeiten bei Maschinen unumgänglich.

2.2 Moral

Der Begriff „Moral" stammt ursprünglich aus dem Lateinischen und bedeutet übersetzt *Sitte*. Im Sprachgebrauch werden die Begriffe „Moral" und „Ethik" oft als Synonym verwendet. Karl Homann und Christoph Lütge distanzieren sich von diesem Vergleich und beschreiben Moral als „einen Komplex von Regeln und Normen, die das Handeln der Menschen bestimmen […] und deren Übertretung zu Schuldvorwürfen gegen sich selbst bzw. gegen andere führt."[19] Ähnlich definieren Gerrig und Zimbardo (2013) den Moralbegriff, welcher als System fungiert, das sich aus Überzeugungen und Werten sowie den Urteilen über richtig und falsch in Bezug auf menschliches Handeln zusammensetzt.[20] Jedoch ergibt sich dabei die Schwierigkeit, dass nicht immer deutlich wird, was richtig oder falsch ist. Sobald die Werte und angewandten Regeln zum Wohl der Gesamtheit beitragen und vom Handeln anderer betroffene Menschen schützen sollen, spricht man von Moral.[21] Um moralisch handeln zu können, reicht die bloße Kenntnis und Akzeptanz der moralischen Regeln nicht aus, weshalb oftmals der Begriff „moralische Motivation" fällt. Moralische Motivation bedeutet, dass ein Individuum eine Situation zunächst als moralisch wahrnehmen muss, um dann moralisch bedeutsame Kognitionen und Emotionen realisieren zu können und anschließend entsprechend handelt.[22]

Durch die Vielzahl von Definitionen wird deutlich, dass Moral einen hohen Stellenwert für das Zusammenleben und -wirken der Menschen darstellt.

2.2.1 Moralische Urteilsfähigkeit

Ein wichtiger Aspekt ist die moralische Entwicklung auf Basis des moralischen Urteils, also woran der Mensch festlegt, was in seinen Augen richtig oder falsch ist. Dies wird auch als moralische Urteilsfähigkeit bezeichnet, mit welcher die Regeln innerhalb einer Gesellschaft als moralisch akzeptabel festgelegt werden. Als einer der wichtigsten Be-

---

[18] Vgl. *Allen* et al. (2005) S. 149
[19] *Homann/Lütge* (2005) S. 12
[20] Vgl. *Gerrig* et al. (2013). S. 406
[21] Vgl. *Horster* (2007) S. 7
[22] Vgl. *Horster* (2007) S. 83

gründer des moralischen Urteils gilt Lawrence Kohlberg. Dessen Ansatz basiert haupt-sächlich auf Theorien Piagets, der schon 1932 erste Untersuchungen zur Entwicklung moralischer Urteilsfähigkeit durchführte.[23] Piaget stellte dabei fest, dass die Entwicklung des moralischen Urteilsvermögens mit der kognitiven Entwicklung innerhalb der Kindheit zusammenhängt. Er ist der Meinung, dass die Entwicklung im frühen Jugendalter been-det ist und ab dann eine autonome Moral vorherrscht. Dies würde bedeuten, dass man von da an andere so behandelt, wie man selbst behandelt werden möchte und Urteile Fairness sowie Handlungsmotive berücksichtigen. Kohlberg setzt auf dieser Theorie auf und erweitert die Ansicht Piagets, indem er Stufen für moralische Entwicklung bildet.

2.3 Kohlbergs Stufenmodell der moralischen Entwicklung

Der Ansatz von Lawrence Kohlberg legt den Fokus der Entwicklung moralischer Urteils-fähigkeit nicht nur auf das Kindesalter, sondern auf die gesamte Lebensspanne. Anhand verschiedener Dilemma-Situationen untersuchte er das Verhalten mehrerer Probanden in Bezug auf moralische Fragestellungen. Daraufhin entwickelte Kohlberg ein Stufenmo-dell, wobei jede Stufe eine andere Basis für moralische Urteile abbildet.[24] Je komplexer die Entwicklungsstufe, desto höher steht sie. Insgesamt definiert Kohlberg drei Niveaus mit jeweils zwei Stufen.[25]

Präkonventionelle Moral
- Stufe 1: Orientierung an Strafe und Gehorsam → Vermeidung von negativen Folgen
- Stufe 2: Orientierung an instrumentellen Zwecken und Austausch

Konventionelle Moral
- Stufe 3: Orientierung an sozialer Anerkennung → Vermeidung von Ablehnung, Erhalten von Anerkennung
- Stufe 4: Orientierung an Regeln und Gesetzen → "law-and-order"-Mentalität

Postkonventionelle Moral
- Stufe 5: Orientierung an Gerechtigkeit und sozialem Vertrag → Handeln im Interesse der Gesellschaft
- Stufe 6: Orientierung an universell gültigen ethischen Prinzipien → Herstellen von Gerechtigkeit

Abbildung 1: Stufenmodell nach Kohlberg (Eigene Darstellung, in Anlehnung an Gerrig, Graf et al. 2013, S. 407)

---

[23] Vgl. *Gerrig* et al. (2013). S. 406
[24] Vgl. *Gerrig* et al. (2013). S. 406
[25] Vgl. *Horster* (2007) S. 21

Ausschlaggebend für die Einordnung der moralischen Stufe ist die Art und Weise, wie Urteile gefällt und begründet werden und nicht die Entscheidung selbst.[26] Die Gestaltung der einzelnen Stufen kann typischerweise wie folgt interpretiert werden:

Auf Stufe 1 herrscht eine egozentrische Perspektive. Regeln werden befolgt, um negative Folgen wie Strafen zu vermeiden. Weiterhin bekommt Gehorsam einen Wert zugeschrieben. Moralische Urteile entstehen egozentrisch und richten sich nach dem Ergebnis für den Handelnden.

Stufe 2 wirkt nach einer Kosten-Nutzen-Orientierung. Dafür werden Regeln auf Grund persönlicher Interessen befolgt und es wird erkannt, dass Interessen auch in Konflikten zueinander stehen können. Bei moralischen Urteilen herrscht eine strategische Tauschgerechtigkeit („Auge um Auge", Reziprozität), wobei die individualistische Perspektive bevorzugt wird.

Mit Stufe 3 wird das Niveau der konventionellen Moral erreicht. Moralische Urteile richten sich auf soziale Anerkennung und Vermeidung von Ablehnung aus. Das Individuum kann sich in die Rolle vom Gegenüber hineinversetzen und moralische Erwartungen erkennen. Diese Erwartungen möchte der Proband erfüllen und trifft dementsprechend seine moralischen Urteile.

Stufe 4 orientiert sich an der Einhaltung von Gesetzen und der Aufrechterhaltung einer bereits vorhandenen Ordnung. Der Urteilende möchte mit seinem Verhalten dazu beitragen, dass Institutionen und das System funktionieren. Der Fokus liegt auf der Gesellschaft und der Urteilende nimmt die Perspektive des sozialen Systems ein.

Die nachfolgende Stufe 5 wird dem Niveau der postkonventionellen Moral zugeordnet und orientiert sich an Sozialverträgen und Gerechtigkeit. Nach Kohlbergs Ansicht ist es jedoch so, dass viele Erwachsene die Stufen 5 und 6 gar nicht erreichen werden. Auf Stufe 5 nimmt der Urteilende Normen und Werte an, die zum Wohlergehen der Gesellschaft dienen.

Die letzte Stufe 6 richtet ihre Urteile anhand universell gültiger ethischer Prinzipien. Dafür müssen gesellschaftliche Werte und Normen auf diese Prinzipien überprüft werden. Die sechste Stufe nimmt eine der Gesellschaft übergeordnete Perspektive ein und geht von Vermeidung von Selbstverurteilung aus.

Kohlberg ist der Auffassung, dass eine höhere Stufe stets die niedrigere Stufe inkludiert und die Erfahrungen der niedrigeren Stufen beibehalten werden. Urteile werden jedoch

---

[26] Vgl. *Fritz* et al. (2019) S. 79

immer nach der höchsten erreichten Stufe gefällt. Durch die Auseinandersetzung mit verschiedenen Dilemmasituationen sollen Personen ihre moralische Entwicklung verbessern, indem sie dadurch die nächste Stufe erreichen.[27] Als besonders fördernd sticht die Diskussion mit einer moralisch „höherstehenden" Person heraus, weil dadurch automatisch eine Auseinandersetzung mit einer anderen Perspektive erfolgt. Zentral für Kohlbergs Stufenmodell ist das Prinzip der Gerechtigkeit. So sagt Kohlberg, dass moralische Entscheidungen rational und gerecht getroffen werden sollen und gleichzeitig das Wohlbefinden der Betroffenen berücksichtigt werden muss.[28]

2.4 Zusammenfassung der theoretischen Grundlagen und Formulierung der Forschungsfragen

Der Begriff „Künstliche Intelligenz" ist bereits seit Jahrzehnten in der Forschung aufzufinden. Seit 1956 wird stetig an der Weiterentwicklung künstlicher Intelligenz gearbeitet und ist heutzutage in vielen Unternehmen und Konzernen allgegenwärtig. Sei es in Form von Chatbots auf Webseiten, Spracherkennung oder Roboter-basierte Prozessautomatisierung (RPA), künstliche Intelligenz findet ihren Einzug in das alltägliche Leben. Die Form der heutigen künstlichen Intelligenz wird auch als schwache KI bezeichnet, da sie in der Lage ist, konkrete Anwendungsprobleme zu lösen und durch regelmäßige Wiederholungen und Erfahrungen ihre Algorithmen optimieren kann. Dadurch ist sie lernfähig und kann sich gegebenenfalls an neue, andere Situationen anpassen. Die andere Form der starken KI, bei der sie mit menschlichen Denkweisen verglichen werden kann und die menschlichen, geistigen Fähigkeiten sogar übertreffen kann, existiert zum heutigen Zeitpunkt (noch) nicht.

Maschinen werden vor der Herausforderung stehen, moralische Entscheidungen treffen zu können. Das hat die Entwicklung einer Maschinenethik („Artificial Morality") zur Folge. Durch diese Maschinenethik könnten Systeme eine Sensibilität für ethische Fragestellungen entwickeln und anhand dieser Grundlage Entscheidungen treffen. Dadurch ergibt sich jedoch die Fragestellung, ob Maschinen überhaupt moralisch handeln können und sollen.

Moral zeichnet sich dadurch aus, dass die Einhaltung gewisser Regeln und das Handeln nach bestimmten Werten und Normen für das Wohlbefinden einer Gemeinschaft sorgen soll. Moralisches Handeln ist essenziell für das Zusammenleben von Menschen, wobei

---

[27] Vgl. *Fritz* et al. (2019) S. 79
[28] Vgl. *Fritz* et al. (2019) S. 80

sich die moralische Urteilsfähigkeit individuell unterscheidet. Die moralische Urteilsfähigkeit legt dabei fest, ob eine Person das eigene Handeln für richtig oder falsch empfindet. Sie definiert moralisch akzeptable Regeln innerhalb einer Gesellschaft und entwickelt sich bis ins Erwachsenenalter weiter. Lawrence Kohlberg unterteilt die verschiedenen Entwicklungen in Stufen, woraus das von ihm entwickelte „Stufenmodell der moralischen Entwicklung" entsteht. Dieses besteht insgesamt aus drei Niveaus mit jeweils zwei Stufen. Kohlberg geht davon aus, dass bis zum Erwachsenenalter zumindest Stufe 4 erreicht wird, auf welcher das Handeln im Sinne der Gesellschaft und unter Einhaltung von Regeln und Gesetzen basiert.

Ausgehend von den dargestellten theoretischen Grundlagen und dem zugrunde liegenden Forschungsgegenstand, ein Textbeitrag von Catrin Misselhorn (2018) in der Zeitschrift „Aus Politik und Zeitgeschichte (APuZ)", lassen sich folgende Forschungsfrage und zugehörige Teilforschungsfragen ableiten:

Forschungsfrage:
Verfügen Maschinen über eine moralische Urteilsfähigkeit und können sie diese sinnvoll nutzen?
Teilforschungsfrage 1:
Welche grundsätzlichen Veränderungen bringen moralische Maschinen in verschiedenen Anwendungsfeldern mit sich?
Teilforschungsfrage 2:
Welche Fähigkeiten müssen Maschinen erfüllen, um moralisch handeln zu können?
Teilforschungsfrage 3:
Welche Chancen und Risiken ergeben sich durch den Einsatz moralischer Maschinen?

Tabelle 1: Ableitung der Forschungs- und Teilforschungsfragen (Eigene Darstellung)

3. Methodik

3.1 Ablauf einer qualitativen Inhaltsanalyse

In diesem Kapitel soll zunächst die qualitative Inhaltsanalyse vorgestellt werden. Qualitative Verfahren der Datenanalyse legen den Fokus auf die Sinnhaftigkeit und das Verstehen des zugrunde liegenden Forschungsgegenstandes.[29] Philipp Mayring, einer der

---

[29] Vgl. *Helfferich* (2011) S. 21

Mitbegründer der qualitativen Inhaltsanalyse, definiert folgende sechs Punkte, die zu beachten sind:[30]

- Analyse der Kommunikation
- Analyse fixierter Kommunikation, d.h. sie liegt in irgendeiner Form protokolliert vor
- Systematisches Vorgehen
- Regelgeleitetes Vorgehen, um Analyse nachvollziehbar und verständlich zu gestalten
- Theoriegeleitetes Vorgehen, also eine Analyse auf Basis theoretischer Fragestellungen
- Schlussfolgernde Methode, um Rückschlüsse aus explizit festgelegten Aspekten ziehen zu können

Mayring bezeichnet die Inhaltsanalyse auf Grund dieser sechs Punkte auch als „kategoriengeleitete Textanalyse".[31] Bei der qualitativen Inhaltsanalyse steht insbesondere die Kategorienbildung im Mittelpunkt, bei der inhaltlich für die Fragestellung relevante Textteile einer Kategorie oder Subkategorie zugeordnet werden. Dafür wird das vorliegende Textmaterial systematisch untersucht und mit Hilfe von Codierregeln eindeutige Zuordnungen zu Kategorien vorgenommen.[32] Als zentrale Analysetechnik wird zumeist die strukturierende Inhaltsanalyse angewandt, bei der zunächst eine deduktive Kategorienbildung anhand der theoretischen Grundlagen erfolgt. Hierbei ist zu beachten, dass die Kategorien gewisse formale Anforderungen erfüllen müssen. Demnach sollten sie unabhängig voneinander sein, sich ausschließen und weiterhin sämtliche relevanten Ausprägungen ausschließen.[33] Nachdem die Bildung der Kategorien abgeschlossen ist, wird der erste Codierprozess durchgeführt, bei dem einzelne Texteinheiten den jeweiligen Kategorien zugeordnet werden. Als Hilfsmittel dafür dient ein Codierleitfaden, welcher die Definition der Kategorie, Ankerbeispiele und Codierregeln enthält.[34] Nachfolgende Abbildung verdeutlicht die einzelnen Schritte der strukturierenden Inhaltsanalyse nach Kuckartz:

---

[30] Vgl. *Mayring* (2015) S. 13
[31] Vgl. *Mayring* (2015). S. 13
[32] Vgl. *Baur/Blasius* (2019) S. 453
[33] Vgl. *Schnell* et al. (2013). S. 401
[34] Vgl. *Baur/Blasius* (2019) S. 638

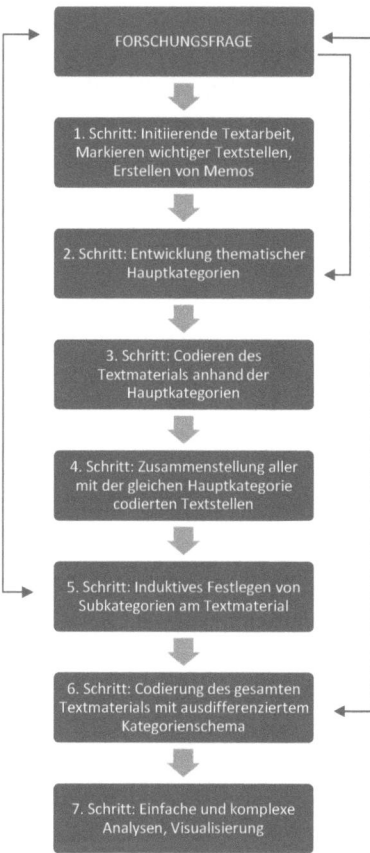

Abbildung 2: Ablauf einer strukturierten Inhaltsanalyse (Quelle: Eigene Darstellung, in Anlehnung an Kuckartz (2016), S. 100)

3.2 Beschreibung des analysierten Textbeitrags

Bei der zu analysierenden Texteinheit handelt es sich um den Artikel „Maschinenethik und „Artificial Morality": Können und sollen Maschinen moralisch handeln?", welcher am 5. Februar 2018 in der Zeitschrift „Aus Politik und Zeitgeschichte (APuZ)" veröffentlicht wurde. Das Dokument ist in der Ausgabe 6-8/2018 des 68. Jahrgangs auf den Seiten 29-33 abgedruckt und umfasst ca. 20.000 Zeichen, wobei Literaturverweise und Fußnoten nicht berücksichtigt werden. Der Textbeitrag wurde in deutscher Sprache von Catrin Misselhorn verfasst, welche an der Universität Stuttgart als Direktorin des Instituts für Philosophie tätig ist und darüber hinaus den Lehrstuhl für die Fachbereiche Wissenschaftstheorie und Technikphilosophie innehat. Der Text kann in vier Abschnitte gegliedert werden und beginnt mit einer Einleitung, in welcher auf die Bedeutung von Maschinenethik im Zusammenhang mit KI im Allgemeinen eingegangen wird und den Unterschied zwischen Artificial Intelligence (AI) und Artificial Morality (AM) aufzeigt. Der zweite Abschnitt zeigt mögliche Anwendungsgebiete moralischer Maschinen auf und beschreibt mögliche Hindernisse hinsichtlich moralischer Entscheidungen in der Anwendung. Dabei stellt sich die Frage, ob Maschinen überhaupt moralisch handeln können, welche im dritten Abschnitt beantwortet werden soll. Hier geht die Autorin darauf ein, was moralische Handlungsfähigkeit an sich bedeutet und überträgt dies kritisch auf Maschinen. Der vierte und letzte Abschnitt widmet sich der Fragestellung, ob Maschinen moralisch handeln sollen, falls sie dazu in der Lage sind. Dafür werden verschiedene Chancen und Risiken aufgezeigt, die bei moralisch handelnden Maschinen entstehen könnten. Die eindeutige Beantwortung der Frage bleibt offen und damit schließt der Artikel ab.

3.3 Ableitung des Kategorienschemas

Nachdem die Forschungs- und Teilforschungsfragen erstellt wurden, folgt die initiierende Textarbeit am Untersuchungsobjekt. Hierfür wird der vorliegende Textbeitrag detailliert gelesen und bearbeitet, indem relevante Textstellen markiert werden. Sobald dieser Schritt der Analyse abgeschlossen ist, beginnt die Entwicklung der thematischen Hauptkategorien. Unter Berücksichtigung der theoretischen Grundlagen und Forschungsfragen werden die Hauptkategorien deduktiv abgeleitet. Auf dieser Basis ergaben sich die Hauptkategorien „Anwendungsfelder moralischer Maschinen", „Benötigte Fähigkeiten", „Chancen" und „Risiken". Anschließend wurde im ersten Codierprozess der Textbeitrag Zeile für Zeile analysiert und entsprechende Textpassagen einer Hauptkategorie zugeordnet. Daraufhin wurden die codierten Textstellen sortiert, gruppiert und systematisch einer daraus gebildeten Subkategorie zugeordnet. Bei diesem Vorgehen handelt es sich um eine induktive Methode, da sich die Subkategorien direkt aus dem Textmaterial ergeben haben. Der zweite Codierprozess basiert auf dem zugrunde liegenden Kategorienschema. Die einzelnen codierten Textstellen werden nun den neu gebildeten Subkategorien zugewiesen. Daraus ergaben sich noch geringfügige Modifizierungen einzelner Subkategorien, welche in diesem Schritt angepasst wurden. Als Ergebnis steht das nachfolgend abgebildete Kategorienschema inklusive Haupt- und Subkategorien (Tabelle 2) fest. In Anhang 1 findet sich das vollständige Kategorienschema mit den einzelnen Definitionen und Ankerzitaten.

| **1. Anwendungsfelder moralischer Maschinen** |
| 1.1 Anwendungsbereich |
| 1.2 Entstehende Risiken |
| 1.3 Gründe für den Einsatz künstlicher Intelligenz |
| **2. Benötigte Fähigkeiten** |
| 2.1 Selbstursprünglichkeit |
| 2.2 Handeln aus Gründen |
| 2.3 Moralische Urteilsfähigkeit |
| 2.4 Willensfreiheit |
| **3. Chancen** |
| 3.1 Positive Auswirkungen |
| 3.2 Wissenschaftliche Erkenntnisse |
| 3.3 Unvermeidbarkeit |
| 3.4 Vermeidung irrationaler Entscheidungen |
| 3.5 Vereinheitlichung von Moral |
| **4. Risiken** |
| 4.1 Situatives Handeln |
| 4.2 Verantwortungslücken |
| 4.3 Kontrollverlust |
| 4.4 Ethische Grundlagen |

Tabelle 2: Übersicht der Haupt- und Subkategorien (Quelle: Eigene Darstellung)

Nachdem die Ausarbeitung des Kategorienschemas abgeschlossen ist, erfolgt der siebte und abschließende Schritt der Analyse. Aufgrund des begrenzten Umfangs wird in dieser Ausarbeitung eine kategorienbasierte Auswertung anhand der vorliegenden Hauptkategorien vorgenommen. Bei dieser Form werden die Ergebnisse für jede Hauptkategorie und entsprechend mit Ankerzitaten belegt.[35]

4. Ergebnisse

In diesem Kapitel sollen die Ergebnisse der durchgeführten strukturierten Inhaltsanalyse in Hinblick auf die abgeleiteten Teilforschungsfragen dargestellt werden. Hierfür erfolgt die Präsentation zentraler Aussagen der einzelnen Haupt- und entsprechenden Subkategorien.

---

[35] Vgl. *Kuckartz* (2016). S. 117

4.1 Hauptkategorie 1 – Anwendungsfelder moralischer Maschinen

Die erste Hauptkategorie „Anwendungsfelder moralischer Maschinen" leitet sich von der ersten Teilforschungsfrage ab. Diese bezieht sich insbesondere auf die Veränderungen durch den Einsatz moralischer Maschinen in verschiedenen Anwendungsfeldern. Die detaillierte Untersuchung des Artikels zeigt, dass sich je nach Einsatz durchaus Veränderungen ergeben. Daraus folgen die Subkategorien *Anwendungsbereich, Entstehende Risiken* und *Gründe für den Einsatz künstlicher Intelligenz*.

Der Einsatz künstlicher Intelligenz und somit auch moralischer Maschinen wird zukünftig in immer mehr Anwendungsbereichen Zustimmung erhalten. So lässt sich als ein wichtiger **Anwendungsbereich** die Altenpflege nennen. „Künstliche Maschinen werden immer wieder als eine Möglichkeit ins Spiel gebracht, um dem Pflegenotstand entgegenzutreten."[36] Zukünftig wird es immer mehr pflegebedürftige Menschen geben, im gleichen Zuge aber weniger Pflegekräfte zur adäquaten Versorgung. Aus diesem Grund werden Möglichkeiten gesucht, wie die Pflege weiterhin gewährleistet werden kann. Weitere Anwendungsfelder finden sich in der Automobilbranche im Bereich des autonomen Fahrens. Dieser Anwendungsbereich stellt die Branche vor eine große Herausforderung, denn „[a]uch vollautomatisierte Fahrzeuge stehen vor moralischen Entscheidungen."[37] Doch nicht nur Pflege und Automobilbranche können vom Einsatz moralischer Maschinen profitieren, auch für das Militär könnten solche Maschinen von Vorteil sein. „In all diesen Situationen muss ein künstliches System zwischen bestimmten moralischen Werten abwägen"[38] – in jedem der genannten Anwendungsfelder entsteht dieses **Risiko** der moralischen Entscheidungsfindung. Besonders problematisch wird es in Dilemmasituationen in denen Maschinen möglicherweise über Menschenleben entscheiden müssen. Dennoch gibt es Gründe, die für einen **Einsatz moralischer Maschinen** sprechen. „[A]ufgrund von Personalmangel, weil schnelle Entscheidungen von Nöten sind, weil die Einsatzsituationen zu gefährlich sind oder weil menschliches Eingreifen selbst einen Risikofaktor darstellt."[39] Moralische Maschinen ersetzen menschliches Personal in bestimmten Bereichen und somit kann frühzeitig auf Personalmangel reagiert werden. Doch auch in Kriegssituationen könnten sich zukünftig autonome Maschinen gegenüberstehen statt Soldaten, wodurch keine Menschenleben mehr riskiert werden. Somit besteht die Hoffnung, dass der Einsatz moralischer Maschinen in einigen Anwendungsbereichen einen klaren Vorteil mit sich bringt und sinnvoll erscheint.

---

[36] *Misselhorn* (2018). S. 29, Abs. 4
[37] *Misselhorn* (2018). S. 30, Abs. 2
[38] *Misselhorn* (2018). S. 29, Abs. 5
[39] *Misselhorn* (2018). S. 29, Abs. 3

4.2 Hauptkategorie 2 – Benötigte Fähigkeiten

Die zweite Hauptkategorie „Benötigte Fähigkeiten" basiert auf der Teilforschungsfrage 2. Dabei werden verschiedene Fähigkeiten eruiert, welche moralische Maschinen erfüllen sollten. Aus der Analyse des Textes ergaben sich folgende vier Subkategorien: *Selbstursprünglichkeit, Handeln aus Gründen, Moralische Urteilsfähigkeit* und *Willensfreiheit.*

Der Begriff der **Selbstursprünglichkeit** kommt eigentlich aus dem philosophischen Bereich und wird dort so verstanden, dass eine Aktion auch ohne vorhergehende Ursache durchgeführt werden kann.[40] Im Zusammenhang mit moralischen Maschinen ist es von besonderer Bedeutung, dass die Maschine „mit der Umwelt interagiert (Interaktivität), dabei eine gewisse Anpassungsfähigkeit an sich ändernde Bedingungen aufweist (Adaptivität) und in der Lage ist, eine Aktivität ohne direkte menschliche Intervention aufzunehmen (basale Autonomie)".[41] Durch Maschinelles Lernen könnten solche Systeme in der Lage sein, bestimmte moralische Verhaltensweisen einzig auf Basis der vorhandenen Daten zu adaptieren und würden somit die Fähigkeit der Selbstursprünglichkeit erfüllen. Ein weiterer Aspekt stellt das **Handeln nach Gründen** dar. „Ein künstliches System kann als funktional äquivalent zu einem menschlichen Akteur verstanden werden, wenn es über Zustände verfügt, denen eine analoge Funktion zukommt, wie Meinungen, Wünschen und Intentionen beim Menschen."[42] Demnach basiert jede Handlung auf Wünschen oder einer Intention. Da es bereits Maschinen gibt, die über eine BDI-Software (Belief – Desire – Intention) verfügen, sind diese Maschinen in der Lage, aus Gründen zu handeln und besitzen somit die benötigte Fähigkeit.[43] Künstliche Intelligenzen sollten über eine moralische Urteilsfähigkeit verfügen, um moralische Entscheidungen treffen zu können. Auf die Gesellschaft bezogen ist eine moralische Urteilsfähigkeit verantwortlich für ein funktionierendes Zusammenleben. „Moralische Handlungsfähigkeit wiederum liegt in einfacher Form vor, wenn die Gründe, nach denen ein System handelt, moralischer Natur sind."[44] Maschinen besitzen durchaus die Fähigkeit, moralisch zu handeln und auf dieser Grundlage Entscheidungen zu treffen. Dabei muss jedoch beachtet werden, dass die Entscheidungen stets einem Anwendungskontext zugewiesen sind und anders als beim Menschen nicht jeden Bereich umfassen kann. Weiterhin können künstliche Systeme ihre bereits getroffenen, moralischen Entscheidungen nicht reflektieren oder begründen, wodurch die benötigte Fähigkeit der **moralischen Urteilsfähigkeit** nicht zwingend als gegeben angesehen werden kann. Menschen können

---

[40] Vgl. *Misselhorn* (2018). S. 30, Abs. 6
[41] *Misselhorn* (2018). S. 31, Abs. 1
[42] *Misselhorn* (2018) S. 31, Abs. 5
[43] Vgl. *Misselhorn* (2018). S. 31, Abs. 5
[44] *Misselhorn* (2018). S. 31, Abs. 6

frei nach ihrem Willen entscheiden und somit auch entgegen der Erwartung unmoralische Entscheidungen treffen. Das Ankerzitat verdeutlicht, dass Maschinen keine **Willensfreiheit** besitzen: „die Möglichkeit, sich auch gegen eine als moralisch erkannte Handlungsoption zu entscheiden und unmoralisch zu handeln. Auch diese Fähigkeit besitzen künstliche Systeme bislang nicht und sollten sie zum Schutz des Nutzers auch nicht haben."[45] In Zusammenhang mit den in der Hauptkategorie 1 genannten Anwendungsbereichen könnten unmoralische Entscheidungen einer Maschine schwerwiegende Folgen haben und möglicherweise sogar Menschenleben kosten.

4.3 Hauptkategorie 3 – Chancen

Die Hauptkategorie 3 „Chancen" leitet sich von der dritten Teilforschungsfrage ab und soll verschiedene Chancen und Möglichkeiten aufzeigen, die sich durch den Einsatz moralischer Maschinen ergeben. Der gewählte Artikel nennt ebensolche, woraus fünf Subkategorien resultieren: *Positive Auswirkungen, Wissenschaftliche Erkenntnisse, Unvermeidbarkeit, Vermeidung irrationaler Entscheidungen* und *Vereinheitlichung von Moral.*

Der Einsatz moralischer Maschinen kann **positive Auswirkungen** in den unterschiedlichen Anwendungsbereichen mit sich bringen. So sei hier das Ankerzitat zu nennen: „Technologien sollen das menschliche Leben erleichtern. Moralische Maschinen dienen diesem Ziel besser, so könnte man argumentieren, weil sie menschlichen Bedürfnissen und Werten besser entsprechen."[46] Moralische Maschinen könnten alltägliche Aufgaben erleichtern und vor allem auch in militärischen Aktionen zum Schutz von Zivilisten handeln. Auch spielt die erhöhte Sicherheit im Automobilbereich durch den Einsatz von autonomen Fahrzeugen eine besondere Rolle und wirkt sich positiv aus. Die Forschung erhofft sich durch moralische Maschinen **wissenschaftliche Erkenntnisse**, beispielsweise ob moralische Fähigkeiten in irgendeiner Form strukturiert werden können und somit vom Menschen auf Maschinen übertragen werden. „Zudem besteht die Hoffnung, dass der Versuch, künstliche Systeme mit moralischen Fähigkeiten zu konstruieren, auch Rückschlüsse darüber zulässt, wie moralische Fähigkeiten bei Menschen funktionieren."[47] Als weitere Chance für den Einsatz moralischer Maschinen greift der Artikel die **Unvermeidbarkeit** auf. Der technologische Wandel und Fortschritt lassen sich nicht aufhalten, es wird permanent an neuen künstlichen Intelligenzen geforscht und neue Entwicklungen lassen sich nicht vermeiden. „Die Entwicklung zunehmend intelligenter

---

[45] *Misselhorn* (2018). S. 32, Abs. 1
[46] *Misselhorn* (2018). S. 32, Abs. 4
[47] *Misselhorn* (2018) S. 32, Abs. 6

und autonomer Technologien führt demnach zwangsläufig dazu, dass diese mit moralisch problematischen Situationen konfrontiert sind."[48] In diesem Zusammenhang darf der Aspekt der moralischen Urteilsfähigkeit von Maschinen nicht unbeachtet bleiben und muss in der Forschung und Entwicklung berücksichtigt werden. „Nicht zuletzt können sie in Sekundenbruchteilen Entscheidungen treffen, in denen ein Mensch gar nicht mehr zu bewusstem Entscheiden in der Lage ist."[49] Menschen treffen in Stresssituationen oftmals impulsive, unbewusste Entscheidungen, ohne dass sie sich Gedanken über mögliche Konsequenzen machen (können). Diese Problematik wird zur Chance für die Maschinenethik. Maschinen empfinden keine Emotionen oder Stress und treffen daher besonders in schwierigen Situationen rationalere und vor allem moralische Entscheidungen. Aus diesem Grund kann das **Vermeiden irrationaler Entscheidungen** als Chance gesehen werden. Als letzter Aspekt, welche Chancen der Einsatz moralischer Maschinen bietet, ist die **Vereinheitlichung von Moral** zu nennen. „Die Entwicklung künstlicher Systeme mit moralischen Fähigkeiten macht es erforderlich, die menschliche Moral (zumindest in den Anwendungsbereichen) zu vereinheitlichen und konsistent zu machen, weil künstliche Systeme nur auf dieser Grundlage operieren können."[50] Durch Menschen generierte moralische Widersprüche könnten durch Maschinenethik eliminiert werden. Dafür muss eine Einheitlichkeit und Widerspruchsfreiheit geschaffen werden, um Fortschritte zu erzielen.

4.4 Hauptkategorie 4 – Risiken

Die vierte Hauptkategorie „Risiken" leitet sich wie schon Hauptkategorie 3 aus der dritten Teilforschungsfrage ab. Neben den Chancen sollen auch Risiken eruiert werden, die sich aus dem Einsatz moralischer Maschinen ergeben und unbedingt kritisch betrachtet werden müssen. Aus der Analyse des Textbeitrags resultieren vier Subkategorien: *Situatives Handeln, Verantwortungslücken, Kontrollverlust* und *Ethische Grundlagen*.

Während Menschen situationsabhängig und somit **situativ handeln** können, besteht diese Möglichkeit bei Maschinen nicht. Beispielsweise könnte ein Mensch seine Entscheidungsfreiheit nutzen und sich situativ für Option A oder Option B entscheiden. „Ein Mensch hätte die Freiheit, dies situativ zu entscheiden. Doch das Verhalten eines autonomen Systems ist im Vorhinein festgelegt"[51] Moralische Maschinen verfügen nicht über eine Entscheidungsfreiheit und können nicht in der Situation entscheiden, sondern le-

[48] *Misselhorn* (2018). S. 32, Abs. 3
[49] *Misselhorn* (2018). S. 32, Abs. 5
[50] *Misselhorn* (2018). S. 32, Abs. 6
[51] *Misselhorn* (2018). S. 33, Abs. 2

diglich im Voraus. Ein weiteres Risiko bildet die Entstehung von **Verantwortungslücken**. „So ist zu befürchten, dass sich moralisch problematische Vorfälle häufig nicht auf eine einzige Handlung oder Entscheidung zurückführen lassen, sondern Ergebnis vieler ineinandergreifender Handlungen und Entscheidungen sein werden, an denen unterschiedliche Akteure beteiligt sind."[52] Da an der Entwicklung moralischer Maschinen stets ein Team von mehreren Personen beteiligt ist, lässt sich die Verantwortung im Nachgang nur schwer auf Einzelne übertragen. Bei schwerwiegenden Fehlern würde die Verantwortung vermutlich oftmals abgewiesen werden, wodurch die genannten Lücken entstehen. Es darf jedoch nicht unerwähnt bleiben, dass dieses Risiko abhängig vom Anwendungsbereich ist. So ist das Risiko bei komplexen Bereichen wie beispielsweise dem autonomen Fahren höher als im Pflegebereich.[53] Moralische Maschinen könnten sich zukünftig dahin entwickeln, dass sie autonom agieren und somit Entscheidungen treffen, die nicht vorhersehbar waren. Dadurch ergibt sich ein **Kontrollverlust**, da die direkte Kontrolle über Entscheidungen entzogen wird.[54] Im schlimmsten Falle würde dies zu einem Totalverlust führen, in dem die Menschen einer undurchsichtigen und unkontrollierbaren Technologie ausgeliefert wären.[55] Als letztes Risiko sind die **ethischen Grundlagen** zu erwähnen. Ethische und moralische Überzeugungen sind von verschiedenen Faktoren abhängig. Darüber hinaus gibt es mehrere Stufen der Entwicklung moralischer Urteilsfähigkeit. Auf welcher Basis sollte man nun eine Maschinenethik entwickeln, wenn es doch mehrere unterschiedliche Ansichten gibt, was moralisch vertretbar ist und was nicht. „Offen bleibt, auf welcher ethischen Grundlage künstliche Systeme entscheiden sollten."[56] Vor dieser Herausforderung steht die Forschung und hat bis dato noch keine adäquate Antwort darauf.

5. Diskussion und kritische Reflexion

5.1 Interpretation der Ergebnisse und Beantwortung der Forschungsfrage

Auf Basis der vorliegenden Ergebnisse der Kategorien, welche sich stets auf die Teilforschungsfragen beziehen, sollen die in Kapitel 2.4 formulierte Forschungsfrage „Verfügen Maschinen über eine moralische Urteilsfähigkeit und können sie diese sinnvoll nutzen?" sowie die einzelnen Teilforschungsfragen beantwortet werden. Dabei soll ein Bezug zu

---

[52] *Misselhorn* (2018). S. 33, Abs. 3
[53] Vgl. *Misselhorn* (2018). S. 33, Abs. 5
[54] Vgl. *Misselhorn* (2018). S. 33, Abs. 4
[55] Vgl. *Misselhorn* (2018). S. 33, Abs. 4
[56] *Misselhorn* (2018). S. 33, Abs. 6

den theoretischen Grundlagen hergestellt werden und dabei geprüft werden, inwiefern die gewonnenen Ergebnisse in der Praxis relevant sind.

Grundsätzlich kann festgehalten werden, dass die Thematik rund um moralische Maschinen definitiv von Relevanz ist. Die Textanalyse zeigt, dass sich die Wissenschaft intensiv mit der Rolle der Moral bei künstlichen Systemen auseinandersetzt. Moralische Maschinen werden zukünftig in einigen Anwendungsbereichen zum Einsatz kommen und somit, wie in Kapitel 2.1.2 dargestellt, menschliche Verhaltensweisen nachahmen, beispielsweise in der Pflege. Es finden sich verschiedene Gründe, die für den Einsatz künstlicher Systeme bzw. moralischer Maschinen sprechen. Dadurch wären Maschinen in der Lage, autonomer zu handeln, sofern sie eine Maschinenethik (Artificial Morality) besitzen.

Die Forschung betont, dass Maschinen über gewisse Fähigkeiten verfügen müssen, um moralisch handeln zu können. Dadurch würden ethische Anforderungen nicht nur an die Maschine weitergegeben, sondern direkt an sie gerichtet. Zu diesen Fähigkeiten gehören neben der Selbstursprünglichkeit, dem Handeln nach Gründen und der Willensfreiheit insbesondere die moralische Urteilsfähigkeit. Während sich diese beim Menschen über Jahrzehnte hinweg stufenweise entwickelt und sämtliche Lebensbereiche betreffen kann, ist die moralische Urteilsfähigkeit bei Maschinen in einem festgelegten Anwendungskontext zu sehen. Kohlbergs Stufenmodell der moralischen Entwicklung nennt sechs Stufen, die der Mensch während seines Lebens erreichen kann. Dafür ist es notwendig, getroffene Entscheidungen zu reflektieren, zu was eine Maschine – zumindest Stand heute – nicht in der Lage ist.

Aus dem Textbeitrag lässt sich analysieren, dass der Einsatz von moralischen Maschinen gleichermaßen Chancen und Risiken mit sich bringt. Artificial Morality soll dafür sorgen, dass Maschinen mit ihrer vollumfänglichen und intelligenten Technologie genutzt werden können. Demnach spielen positive Auswirkungen auf den Alltag und wissenschaftliche Erkenntnisse hinsichtlich moralischer Funktionalität beim Menschen eine wichtige Rolle. Lassen sich daraus neue Rückschlüsse ziehen, wäre es denkbar, das von Kohlberg entwickelte Stufenmodell zu überarbeiten und möglicherweise um Stufen zu erweitern. Eine Vereinheitlichung der Moral durch eine Maschinenethik könnte die in Kapitel 2.2 genannte Problematik beheben, menschliche Handlungen individuell bzw. subjektiv in „richtig" und „falsch" einzuordnen.

Doch neben den Chancen sind die Risiken nicht zu vernachlässigen. Maschinen sind (noch) nicht in der Lage, situativ zu handeln und Entscheidungen situationsbezogen zu

treffen. Dies ist jedoch von zentraler Bedeutung bei Kohlbergs Stufenmodell der moralischen Entwicklung. Hier wird untersucht, wie die Probanden in verschiedenen Dilemmasituationen entscheiden und moralisch handeln würden. Dabei unterliegt der Mensch
einer Entscheidungsfreiheit, über welche eine Maschine nicht verfügt. Ebenso ergibt sich
die Schwierigkeit, auf welcher ethischen Grundlage Maschinen entscheiden sollen. Orientiert man sich am Stufenmodell Kohlbergs, würden drei Niveaus mit jeweils zwei Stufen zur Verfügung stehen. Doch welche Stufe für eine Maschine die richtige ist, lässt sich
von den Entwicklern nicht konkret festlegen. Abhängig vom Anwendungsbereich müss-
ten hierfür allgemeingültige und verbindliche Regelungen definiert und getroffen werden.

Insofern lässt sich festhalten, dass Maschinen durchaus über eine moralische Urteilsfähigkeit verfügen können und diese auch sinnvoll einsetzbar ist. Der aktuelle Stand der
Forschung ist jedoch noch zu weit davon entfernt, um vielversprechende Ergebnisse
dazu zu liefern. Der untersuchte Artikel kann Parallelen und Zusammenhänge zu den in
Kapitel 2 beschriebenen theoretischen Grundlagen aufweisen. Allerdings kann das Stufenmodell der moralischen Entwicklung nach Lawrence Kohlberg nicht direkt auf Maschinen übertragen werden, da künstliche Systeme nicht zwingend verschiedene Stufen
zum Erlernen moralischer Urteilsfähigkeit durchlaufen können und müssen. Moralische
Urteilsfähigkeit unterliegt weiterhin einer subjektiven Einschätzung. Diesen Punkt greift
der analysierte Textbeitrag mehrmals kritisch auf und nennt Beispiele, warum dies bei
Maschinen nicht möglich ist. Nichtsdestotrotz ist die Entwicklung einer Maschinenethik
von hoher Bedeutung in der Forschung und es lässt sich vermuten, dass künstliche Systeme in naher Zukunft eine gewisse Form von moralischer Urteilsfähigkeit besitzen.

5.2 Kritische Reflexion des Vorgehens – Einhaltung der Gütekriterien qualitativer Forschung

Nachfolgend soll die angewandte Vorgehensweise in Hinblick auf die Einhaltung der Gütekriterien der qualitativen Forschung kritisch reflektiert werden. Für die quantitative Forschung stehen die Gütekriterien Reliabilität, Validität (intern und extern) sowie Objektivität fest. Allgemein herrscht Unstimmigkeit darüber, ob diese Gütekriterien auch unein-
geschränkt auf die qualitative Forschung übertragen werden können.[57] Die beiden Auto-
ren Guba und Lincoln haben Gütekriterien qualitativer Forschung entwickelt, welche an
die der quantitativen Forschung angelehnt sind. Die entwickelten Gütekriterien werden
für die weitere Bewertung als Grundlage angesetzt. Nachfolgende Abbildung zeigt die
Gegenüberstellung der Gütekriterien beider Richtungen:

---

[57] Vgl. *Kuckartz* (2016) S. 201-202

Gütekriterien quantitativer Forschung	Gütekriterien qualitativer Forschung (nach Lincoln und Guba)
Reliabilität	Verlässlichkeit („dependability")
Objektivität	Nachvollziehbarkeit/Bestätigbarkeit („confirmability")
Interne Validität	Glaubwürdigkeit („credibility")
Externe Validität	Übertragbarkeit („transferability")

Abbildung 3: Gütekriterien quantitativer und qualitativer Forschung (Quelle: Vgl. Ornau (2014), S. 74 in Anlehnung an Lincoln/Guba (1985))

Zunächst gilt es, die Reliabilität einer Messung zu ermitteln, also ob sich die Untersuchung insofern wiederholen kann, dass ähnliche oder dieselben Ergebnisse wie bei der ersten Durchführung entstehen. In der qualitativen Forschung lässt sich die Reliabilität mit der *Verlässlichkeit* vergleichen. Die Verlässlichkeit prüft die Konsistenz der Klassifizierung der analysierten Texteinheit hinsichtlich der gewählten Kategorien und ist dabei abhängig von der korrekten Anwendung und der Exaktheit und Widerspruchsfreiheit des Codierleitfadens.[58] Die Methodik der vorliegenden Forschungsarbeit wurde auf Basis der strukturierten Inhaltsanalyse nach Kuckartz durchgeführt. Das beschriebene Ablaufschema wurde schrittweise befolgt, wodurch eine Verlässlichkeit des Vorgehens bestärkt wird. Jedoch muss festgehalten werden, dass die Untersuchung nur von einer Person durchgeführt wurde. Die Verlässlichkeit könnte erhöht werden, indem das entwickelte Kategorienschema durch Fachexperten bezüglich der geeigneten Anwendung überprüft wird. Diese Prüfung würde außerdem die Nachvollziehbarkeit und somit auch das nächste Gütekriterium bekräftigen. Die *Nachvollziehbarkeit* steht alternativ für die Objektivität und untersucht die Ergebnisse auf plausible Darstellung. Demnach sollten die Quellen der Daten zurückverfolgen können und Argumentation nachvollziehbar sein.[59] In der vorliegenden Arbeit werden die Ergebnisse anhand des klar definierten Analyseablaufs und der kategorienbasierten Auswertung transparent dargestellt und entsprechend mit Ankerzitaten belegt. Das dritte Gütekriterium *Glaubwürdigkeit* entspricht der internen Validität der quantitativen Forschung. Die Glaubwürdigkeit hinterfragt, inwiefern die Ergebnisse und Interpretationen der Forschung vertrauenswürdig sind. Dazu ergänzend kann die *Übertragbarkeit* als viertes und letztes Gütekriterium genannt werden, welches vergleichbar mit der externen Validität ist. Sie legt fest, ob die Resultate und Schlussfolgerungen der Untersuchung über die eigene Forschung hinaus relevant sind und sich auf andere Kontexte übertragen lassen.[60] Hier ist kritisch anzumerken, dass lediglich ein Textbeitrag analysiert wurde. Die Thematik unterliegt einem ständigen Wandel, weshalb zu beachten ist, dass die durchgeführte Analyse nur für den

---

[58] Vgl. *Ornau* (2014) S. 74
[59] Vgl. *Ornau* (2014). S. 75
[60] Vgl. *Döring* et al. (2015) S. 109

aktuellen Zeitraum gültig ist. Somit sind die Ergebnisse von einer einzigen Quelle und von einem beschränkten Zeitraum abhängig. Aufgrund der Komplexität des Themas und der regelmäßigen neuen Erkenntnisse ist es empfehlenswert, weitere inhaltsanalytische Forschungen vorzunehmen, um eine Übertragbarkeit gewährleisten zu können. Zusammenfassend lässt sich festhalten, dass die durchgeführte Untersuchung den Gütekriterien qualitativer Forschung weitestgehend entspricht, jedoch weitere Forschungen vorteilhaft wären, um die Ergebnisse zu untermauern oder diesen zu widersprechen.

6. Fazit und Ausblick

Die Untersuchung verdeutlicht, dass die Forschung an künstlichen Systemen und intelligenten Technologien immer wichtiger werden. Dabei darf der Aspekt der Maschinenethik nicht vernachlässigt werden. Verschiedene Anwendungsbereiche wie die Automobilbranche oder der Pflegebereich können von moralisch handelnden Maschinen profitieren. Solche Systeme könnten dem Personalmangel entgegenwirken, Risikofaktoren durch menschliches Eingreifen minimieren, gefährliche Einsätze durchführen oder wichtige Rollen in der Kriegsführung einnehmen, ohne Menschenleben zu gefährden. Außerdem würden künstliche Systeme den Alltag vieler Menschen durch ihre Funktion erleichtern. Demgegenüber stehen jedoch auch Herausforderungen, welche sich zwangsläufig ergeben. Als größtes Risiko sticht das situative Handeln hervor, bei dem eine Maschine beispielsweise entscheiden muss, ob sie mehrere Kinderleben aufs Spiel setzt oder ein Leben – z.B. das des Fahrers – riskiert. Ein Mensch kann in dieser Situation zwischen zwei Möglichkeiten auswählen, einer Maschine ist dies nicht gegeben. Die Forschung steht insbesondere in derartigen Dilemmasituationen vor großen Hindernissen.

Im Rahmen der Arbeit konnten wesentliche Erkenntnisse darüber gewonnen werden, ob Maschinen überhaupt über eine moralische Urteilsfähigkeit verfügen können und wie der momentane Stand der Forschung diesbezüglich ist. Es handelt sich hierbei um ein äußerst aktuelles Thema, denn die Forschung im Bereich Künstliche Intelligenz und Artificial Morality ist wichtiger als je zuvor. Der Umgang mit solchen Systemen wird immer alltäglicher, weshalb weitere Studien und Untersuchungen zu den entwickelten Fragestellungen benötigt werden. Es müssen regelmäßig Chancen und vor allem Risiken eruiert werden, um Verantwortungslücken zu schließen und einen Kontrollverlust zu vermeiden. Außerdem müssen ethische und moralische Grundlagen festgelegt werden, damit moralisch handelnde Maschinen langfristig sinnvoll eingesetzt werden können.

Anlagen

Anhang 1: Detailliertes Kategorienschema

Hauptkategorie 1: Anwendungsfelder moralischer Maschinen		
Subkategorie	**Definition**	**Ankerzitat**
Anwendungsbereich	Umfasst verschiedene, mögliche Anwendungsbereiche, in denen moralische Maschinen eingesetzt werden könnten	„Künstliche Systeme werden immer wieder als eine Möglichkeit ins Spiel gebracht, um dem Pflegenotstand entgegenzutreten." (S. 29, Abs. 4)
Entstehende Risiken	Beschreibt mögliche Risiken in den vorgestellten Anwendungsbereichen	„In all diesen Situationen muss ein künstliches System zwischen bestimmten moralischen Werten abwägen" (S. 29, Abs. 5)
Gründe für den Einsatz künstlicher Intelligenz	Aufzeigen verschiedener Gründe und Situationen, bei denen der Einsatz von künstlicher Intelligenz vorteilhaft ist	„aufgrund von Personalmangel, weil schnelle Entscheidungen von Nöten sind, weil die Einsatzsituationen zu gefährlich sind oder weil menschliches Eingreifen selbst einen Risikofaktor darstellt." (S. 29, Abs. 3)
Hauptkategorie 2: Benötigte Fähigkeiten		
Subkategorie	**Definition**	**Ankerzitat**
Selbstursprünglichkeit	Beschreibt das unabhängige und unvorhergesehene Handeln durch Interaktion und Adaption	„wenn ein System mit der Umwelt interagiert (Interaktivität), dabei eine gewisse Anpassungsfähigkeit an sich ändernde Bedingungen aufweist (Adaptivität) und in der Lage ist, eine Aktivität ohne direkte menschliche Intervention aufzunehmen (basale Autonomie)" (S. 31, Abs. 1)
Handeln aus Gründen	Umfasst die Fähigkeit, auf Basis von Gründen, Wünschen und Intentionen zu handeln	„Ein künstliches System kann als funktional äquivalent zu einem menschlichen Akteur verstanden werden, wenn es über Zustände verfügt, denen eine analoge Funktion zukommt, wie Meinungen, Wünschen und Intentionen beim Menschen." (S. 31, Abs. 5)
Moralische Urteilsfähigkeit	Beschreibt die Fähigkeit, moralische Entscheidungen treffen zu können	„Moralische Handlungsfähigkeit wiederum liegt in einfacher Form vor, wenn die Gründe, nach denen ein System handelt, moralischer Natur sind." (S. 31, Abs. 6)

Hauptkategorie 2: Benötigte Fähigkeiten		
Subkategorie	**Definition**	**Ankerzitat**
Willensfreiheit	Beschreibt die Fähigkeit, Entscheidungen nach eigenem Willen treffen zu können	*„die Möglichkeit, sich auch gegen eine als moralisch erkannte Handlungsoption zu entscheiden und unmoralisch zu handeln. Auch diese Fähigkeit besitzen künstliche Systeme bislang nicht und sollten sie zum Schutz des Nutzers auch nicht haben."* (S. 32, Abs. 1)

Hauptkategorie 3: Chancen		
Subkategorie	**Definition**	**Ankerzitat**
Positive Auswirkungen	Umfasst die positiven Auswirkungen moralischer Maschinen	*„Technologien sollen das menschliche Leben erleichtern. Moralische Maschinen dienen diesem Ziel besser, so könnte man argumentieren, weil sie menschlichen Bedürfnissen und Werten besser entsprechen."* (S. 32, Abs. 4)
Wissenschaftliche Erkenntnisse	Umfasst mögliche Erkenntnisse, die durch den Einsatz moralischer Maschinen hinsichtlich der Funktion menschlicher moralischer Urteilsfähigkeit	*„Zudem besteht die Hoffnung, dass der Versuch, künstliche Systeme mit moralischen Fähigkeiten zu konstruieren, auch Rückschlüsse darüber zulässt, wie moralische Fähigkeiten bei Menschen funktionieren."* (S. 32, Abs. 6)
Unvermeidbarkeit	Zeigt auf, warum der Einsatz moralischer Maschinen unvermeidbar sein könnte	*„Die Entwicklung zunehmend intelligenter und autonomer Technologien führt demnach zwangsläufig dazu, dass diese mit moralisch problematischen Situationen konfrontiert sind."* (S. 32, Abs. 3)
Vermeidung irrationaler Entscheidungen	Beschreibt Vorteile moralischer Maschinen gegenüber menschlichen Entscheidungen, die irrational getroffen werden	*„Nicht zuletzt können sie in Sekundenbruchteilen Entscheidungen treffen, in denen ein Mensch gar nicht mehr zu bewusstem Entscheiden in der Lage ist."* (S. 32, Abs. 5)
Vereinheitlichung von Moral	Beschreibt die Chancen, inwiefern Moral durch den Einsatz künstlicher Intelligenz und Maschinenethik vereinheitlicht werden kann	*„Die Entwicklung künstlicher Systeme mit moralischen Fähigkeiten macht es erforderlich, die menschliche Moral (zumindest in den Anwendungsbereichen) zu vereinheitlichen und konsistent zu machen, weil künstliche Systeme nur auf dieser Grundlage operieren können."* (S. 32, Abs. 6)

Hauptkategorie 4: Risiken		
Subkategorie	**Definition**	**Ankerzitat**
Situatives Handeln	Umfasst mögliche Risiken, die durch fehlendes situatives Handeln entstehen können	*„Ein Mensch hätte die Freiheit, dies situativ zu entscheiden. Doch das Verhalten eines autonomen Systems ist im Vorhinein festgelegt"* (S. 33, Abs. 2)
Verantwortungslücken	Beschreibt die Risiken, die sich aus Verantwortungslücken ergeben	*„So ist zu befürchten, dass sich moralisch problematische Vorfälle häufig nicht auf eine einzige Handlung oder Entscheidung zurückführen lassen, sondern Ergebnis vieler ineinandergreifender Handlungen und Entscheidungen sein werden, an denen unterschiedliche Akteure beteiligt sind."* (S. 33, Abs. 3)
Kontrollverlust	Beschreibt das Risiko des Kontrollverlusts durch den Einsatz moralischer Maschinen	*„Dadurch erhöht sich das Risiko, dass die Maschinen zu Entscheidungen kommen, die niemand beabsichtigt oder vorhergesehen hat und über die niemand direkte Kontrolle besitzt."* (S. 33, Abs. 4)
Ethische Grundlagen	Beschreibt das Risiko der Unklarheit, auf welchen ethischen Grundlagen Entscheidungen basieren	*„Offen bleibt, auf welcher ethischen Grundlage künstliche Systeme entscheiden sollten."* (S. 33, Abs. 6)

Literatur- und Quellenverzeichnis

Allen, C./Smit, I./Wallach, W. (2005), Artificial Morality: Top-down, Bottom-up, and Hybrid Approaches, Ethics and Information Technology, 7. Jg., Nr. 3, S. 149–155.

Baur, N./Blasius, J. (2019), Handbuch Methoden der Empirischen Sozialforschung, 2. Aufl., Wiesbaden.

Buxmann, P. (Hrsg.) (2019), Künstliche Intelligenz. Mit Algorithmen zum wirtschaftlichen Erfolg, Berlin, Heidelberg.

Döring, N./Bortz, J./Pöschl, S. (2015), Forschungsmethoden und Evaluation in den Sozial- und Humanwissenschaften, 5. Aufl., Berlin [u.a.].

Fritz, U./Lauermann, K./Paechter, M./Stock, M./Weirer, W. (Hrsg.) (2019), Kompetenzorientierter Unterricht. Theoretische Grundlagen - erprobte Praxisbeispiele, Opladen.

Gentsch, P. (2019), Künstliche Intelligenz für Sales, Marketing und Service, 2. Aufl.

Gerrig, R. J./Graf, R./Zimbardo, P. G. (2013), Psychologie, 18. Aufl., München.

Goertzel, B./Pennachin, C. (Hrsg.) (2007), Artificial General Intelligence, Berlin, Heidelberg.

Helfferich, C. (2011), Die Qualität qualitativer Daten, Wiesbaden.

Homann, K./Lütge, C. (2005), Einführung in die Wirtschaftsethik, 2. Aufl., Münster.

Horster, D. (2007), Moralentwicklung von Kindern und Jugendlichen, Wiesbaden.

Karliczek, A. (2020), Künstliche Intelligenz. KI, #ChanceKI, BMBF.

Kuckartz, U. (2016), Qualitative Inhaltsanalyse. Methoden, Praxis, Computerunterstützung.

Lämmel, U./Cleve, J. (2012), Künstliche Intelligenz, 4. Aufl., München.

Luber, S. (2016), Was ist Machine Learning?, in: https://www.bigdata-insider.de/was-ist-machine-learning-a-592092/, abgerufen am 17. 4. 2021.

Mainzer, K. (2019), Künstliche Intelligenz – Wann übernehmen die Maschinen?, Berlin, Heidelberg.

Manhart, K. (2021), Eine kleine Geschichte der Künstlichen Intelligenz, in: https://www.computerwoche.de/a/eine-kleine-geschichte-der-kuenstlichen-intelligenz,3330537, abgerufen am 6. 4. 2021.

Mayring, P. (2015), Qualitative Inhaltsanalyse. Grundlagen und Techniken, 12. Aufl., Weinheim.

Misselhorn, C. (2018), Maschinenethik und "Artificial Morality": Können und sollen Maschinen moralisch handeln?, Aus Politik und Zeitgeschichte (APuZ), 68. Jg., 6-8.

Ornau, F. (2014), Inhaltsanalyse. Studienbrief der SRH Fernhochschule, Riedlingen.

Rich, E./Knight, K./Nair, S. B. (2019), Artificial intelligence, New York.

Schnell, R./Hill, P. B./Esser, E. (2013), Methoden der empirischen Sozialforschung, 10. Aufl., München.

Wittpahl, V. (Hrsg.) (2019), Künstliche Intelligenz. Bürger, Unternehmen, Staat, Berlin.